# La Musique mot à mot

Lydia Montigny

# La Musique mot à mot

# Ou l'Emotion des sons

© 2019 Lydia Montigny

Edition : BoD - Books on Demand
12/14 rond-point des Champs Elysées
75008 Paris
Imprimé par BoD – Books on Demand, Norderstedt
ISBN : 978-2-3221-0838-*1*

Dépôt légal : **Avril 2019**

La musique

Est Liberté !


Elle n'appartient

A personne


sauf


A elle-même…

Juste un brin de musique
Philharmonique ou classique
Pour imaginer un instant
Sa mélodie t'envahissant…


Juste une douce partition
Entre les fleurs et la passion
Pour que le vent vienne danser
Et dans sa voile te faire voler…


Juste une note, comme une pause
Délicatement elle se pose,
Une musique couleur de rose
Qui, sous tes doigts, juste la dépose…

## AME DE SLAM

Sur le slam de la nuit
Tu écris cet adage
Un troublant paysage
Où le temps fait naufrage.

Sur le slam de l'ennui
Tu gribouilles une page
Une sorte de cage
Sans barreau et sans âge.

Sur le slam de minuit
Le temps râle et rage
Il lui reste en otage
Ton rêve le plus sage.

Sur le slam de la vie
C'est le slow de la vie
C'est le slow du mirage
Qui tatoue son passage
Sur ton âme sauvage…

Paroles de slam… à ton image…

La musique

est ce dialogue multicolore

dont personne ne peut se passer :

elle touche tout le monde,

tout le monde la comprend, la partage…

Elle est une philosophie universelle de la vie…

Une simple goutte d'eau

rompant le silence

en son unique

son…

## OPERA

Il était une fois
Une jolie petite souris
N'ayant d'autre soucis
Que de chasser un chat...


Elle vivait à sa guise
Entre le livre « Royal »
Et la « révérence exquise »...
Née sous une bonne Etoile
Elle pensait que le chat
Ne pourrait échapper
Sur la pointe des pas
A son beau balancé
Pirouette et glissé...


C'est en tours piqués
Que le fin muridé
Dans un flic flac désabusé
Vint lui chatouiller
Les moustaches si soyées...

      .../...

…/…

Le félin, d' « Opéra » baptisé,
Entreprit une valse effrénée
Et son manège tourna tant
Que le petit rat, en cabriole
S'estourbit et chut entre ses dents…
Pauvre petite ratagnole !...


Entre chat et souris
Les sauts ont fondus ;
Bel Opéra de la vie,
Danse, danse,… et souris !...

L'oiseau s'envole
La Diva chante
L'oiseau se pose
La voix s'envole
L'oiseau l'enchante
Et dépose... une rose...

## DJ

Salut DJ de la Vie !
Le sample via les amplis
J'ai écouté toutes les musiques
Aussi fun que fantastiques,
Folk, funk, ou bien filk,
Voire psychédéliques…
Quel grand mixage virtuel
Du Bronx jusqu'à Ravel !


C'est le sang qui coule
Comme le flux de la soul,
Le jazz qui swing si long
De sa musique savante,
Le calypso sans baryton
Une rapsodie envoutante…


Pour quelques dubs magnétiques
L'album gris est électrique,
Tous les chorus et les échos
Voudraient presque un boléro !

…/…

…/…

St Preux depuis son concerto
Vocalise comme un Soprano

C'est le pitch-shift d'une berceuse
Que le DJ joue dans la nuit
Et toutes les notes de ma vie
En deviennent la partition heureuse…

La couleur des mots
Sur les touches d'un piano
C'est un arc en ciel
De musique sur une partition de vie quintessentielle…

## PIANO BLUES

Entre blanches et noires
Je vois le désespoir
Les notes de ma mémoire
Résonnent dans le soir
Je n'ai plus rien, plus rien
Juste un bout de refrain
Pour te crier ma peine
Cette musique est la tienne…

*Refrain*
*Joue-le sur le piano*
*Joue la sol la si do*
*Le jazz soul se meurt*
*Sonne, sonne son heure*


Un coup de blues au cœur
Dans la brume des pleurs
Je mélange les couleurs
Le gris devient ma peur
Nostalgie du bonheur
J'ai si mal, mal au cœur…

(Refrain)

…/…

…/…


Joue cette mélodie
Mélancolie de ma vie
Tu restes le solfège
D'un jazz soul sous la neige
Piano bleu, piano gris
Joue les notes de ma vie

Les notes de musique

ne sont qu'harmonie

de la nature...

... seul l'homme

est capable de faire

de fausses notes !

## … ECHO…

J'ai parlé à ce vide,
Et l'espace livide
A répondu en somme
Que la cime et l'abîme
Résonnent en l'homme
En un son infime…

Les syllabes se doublent
Se croisent, se dédoublent
Et se reflètent encore,
C'est le rythme et l'accord
Musicaux de la vie,
L'onde du lac au reflet
Doré que je vois onduler
Sur cette nuit étoilée…

Parle-moi de l'infini
Et de l'écho d'un jour

Jour… jour… jour… jour…

## FEELINGS

Je me fais lune
Le soir dans la brume
Ou féline
Le matin dans la bruine...
Longuement je glisse
Sur le satin lisse,
Serait-ce la prémisse
Que je faiblisse ?
Je file en exil
Vers un ciel exquis,
Esquisse de la Vie,
Sur un air de « Feelings »...

POESIE

J'ai pris un bout de bois
Puis ai posé dessus, mes doigts
Et à mon souffle joyeux
Tu as dansé en fermant les yeux…


A tendre quelques cordes
Sur une coque de bois clair,
Les notes en sages hordes
Sans attendre voltigent dans l'air !


J'ai trouvé un coquillage
Echoué sur cette plage
Sa mélodie douce et sauvage
T'a endormi sur le rivage…


J'ai mis des notes sur ce papier
Et elles se sont toutes envolées…
Sois la musique de ma vie
Tu resteras ma poésie…

## L'ARAIGNEE du ROCKING CHAIR

Dans son rocking-chair
Tic toc tic toc
Elle tricote
Tic toc tic toc
Un fil long et soyeux
Tic toc tic toc
Glisse sans faire de nœud ….-….


Près du rocking-chair
Tic tac tic tac
La vieille horloge sait
Tic tac tic tac
Combien de ces rangées
Tic tac tic tac
Ont été tricotées
Tic-tac tic tac
Par la belle araignée…

…/…

…/…

Est-elle chanteuse
De music-hall le soir,
Ou bien danseuse
Au Crazy Cheval Noir ?

Petite resquilleuse
De mots juxtaposés,
Est-elle juste voleuse
De tes rêves insensés,
Ou cette ensorceleuse,
Sagesse de tes secrets ?
Elle vit là sans un bruit
Pendant que tu la lis…

## IL MANQUE DES MOTS

Il y a des sons
Des bruits dociles
Des notes fragiles...
Des amalgames inouïs
Des voix fluides


Il y a des images
De faune sauvage
Des solfèges sur la page
Des touches de bariolage
Des statues sans âge


Mais il n'y a pas de mot
Qui transcrive le son
A l'image et se fond
Comme une goutte d'eau....

JAZZ…

Le trompettiste s'avança et s'arrêta dans l'obscurité…

Un disque de lumière se posa sur lui, et là, il se mit à jouer, plaçant doucement de longues notes de trompette feutrées sur la musique…

Les yeux clos, le jazzman joue…

Il est noir, la lumière blanche, et sa musique a la couleur de cette révolte passive, chargée de retenue et d'indifférence… C'est la souffrance qui se rebelle pacifiquement…

Le jazz coule dans ses veines…

… Ecoutez…

## PETITE MUSIQUE DE NUIT

Tourne autour du monde,
Je te retrouverai !
Même en eau profonde,
Les coraux me diront le secret !
Au milieu des nuages,
Je viendrai jouer
Et bien des anges sages
Danseront des ballets !


Tourne autour du monde
Dans une mélodie ronde
De notes blanches et noires
Brillantes comme l'espoir...
Je te retrouverai
Petite musique du soir
Qu'on écoute dans le noir
Comme des rêves fantastiques
Ou des histoires magiques...
Je te retrouverai !...

PIANO

Ré Fa Mi Do
Allegro piano,
Une touche en Si,
Mon cœur aus-SI…
Un concerto
Cœur en duo
La Do Ré Sol
La, il s'envole !
Ron-Do en chœur
Ou en Ré majeur,
Rhapsodie de l'amour
La Sol Si toujours…

## PHILHARMONIE

Le grand soir est arrivé
L'orchestre va jouer ;
Le premier violon a mis le "la",
Chaque instrument l'a mis là...


A la fin de la révérence...
Le chef d'orchestre s'avance,
Que la symphonie commence !
Et la musique s'élance...


Du bout de sa baguette
En mille pirouettes
Il invite à jouer
La partition posée


Devant chaque musicien.
Les flûtes et les tambins
S'élèvent légèrement
Et les piccolos dans le vent
Sont coupés par l'alto
Doublés par le piano...

        .../...

…/…

Quel souffle dans le baryton,
Quel son dans le basson !
Mon cœur bat la chamade…
La tumba si nomade
Invite le marimba
A ponctuer tant de joie !


Merveilleuse symphonie
Qui réveille nos vies
En parfum de musique
… Un voyage philharmonique…

La Vie

est une musique

qui accorde son

« la »

avec l'Amour

qui est en toi...

La musique est là
Apaisante, mi sol la
Elle invite à la danse
Ou la transe, en cadence
Divine, elle transporte, si !...
Si ? Doux... Si tendre, si... sol mi...
La mélodie émouvante
Pire elle est mouvante
Virevoltante, sol mi fa
Entre dans ton cœur, do si la
Docile aussi au la...
La musique c'est tout ça
C'est l'amie, la mi, aussi
Transparente comme un si
Elle commence ici
Emporte-la avec toi
La musique est en toi...

    Chante

Le temps qui passe
Insolent et fugace
Broyant les heures
De nos pas voyageurs


    Chante

La complainte de l'ennui
Dans le gris de la vie
Comme un arbre qui gémit
Dans le vent et la pluie


    Chante

Le torrent joyeux
Eclaboussant les aveux
De nos rires, de nos jeux
Naïfs et amoureux

                               …/…

.../...




Chante


La mélodie de l'avenir
Qui vient désobéir
Et ne veut pas finir
Dans un simple soupir...

Etre une note de Musique…

Pur cristal dans l'air,

Vibration transparente,

Mélodie si profonde

Douce bulle lyrique…

C'est un cœur,

Un saisissement de la vie

Un être surpris

Une partition de l'Univers…

Musique…

Quelques gouttes de musique
Sur des mots idylliques
Pour que les notes féeriques
Soient des rivières poétiques...

## TAM TAM

Danse ! Tam Tam Baïlla !

Tes pieds nus dansent
Sur le sol chaud

Tom Tom Baïllo !

Tes mains s'enroulent,
Tes doigts claquent !

Ton corps est la houle
Le Tam Tam te balance,

Tam Tam Dim Doum !

Tes bras comme des arcs
Se tendent, Tam Toum !

Vers le ciel, vers le sol,
Et tu plantes tes yeux là !

Estocade finale,
Baïlla Baïlla Morena !

.../...

…/…

Dans mes yeux, c'est fatal…
Alors je tape dans mes mains

Tam Tam s'affole,

Et mon cœur bat plus fort

Tam Tom Baïlla !

Pas un mot, juste un rien
De Tam Tam Baïlla

Dans un regard en cœur à corps

Tam Tam Tam !...

## MUSIQUE

Musique,
C'est la pluie sur les toits
Au milieu de la nuit...
Quand je fais les cent pas
Dans ma tête où se noient
Ton regard et ta voix
J'ai tant besoin de toi

Musique,
C'est la mer enchantée
Qui s'étire amusée
Sur la plage dorée
Et ses ondes salées
Viennent éclabousser
Notre complicité

Musique,
C'est notre souvenir
Et aussi ce soupir
Qui pleure sans rien dire
En te voyant partir
C'est ta main dans ma main
Qui prie déjà demain
Et relève sans fin
Le défi du destin                    .../...

.../...


Musique,
C'est un cœur ouragan
Ou un calme troublant
Un grand navire blanc
Sous l'aile d'un goéland
C'est un secret d'enfant
Qui vivra... tout le temps...
...Qu'importe le sens du vent
La musique nous comprend...

## L'APOCALYPSE

Elle a semé le vent
Sur un champ de hautbois
Puis a claqué des doigts
Au rythme de son chant.


La musique dans nos cœurs
C'est le sang du bonheur !
Cor ou cornemuse ?
Le violon vole et s'amuse
Musardant avec la zurla alanguie...
L'harmonie de la harpe se languit
Du souffle de la flûte
Et de son ami le luth...


La musique éclectique
Cliquette, électrique
Puis s'incline et s'éclipse
Quelle apocalypse !

Dans le silence d'un mot
Nait le bruit de ma plume,
Vit la voix le voyant,
Puis meurt l'instant le comprenant...

...et tout recommence au mot suivant...

## LA PARTITION DU TEMPS

Dans ta tasse à café
Un sucre est tombé
La cuillère a tout essayé
Mais ne l'a pas retrouvé…


Dans le ciel étoilé
La lune s'est fait croquer
Par la nuit affamée
Ne laissant qu'un croissant doré…


Dans la musique jouant
La partition du temps
Les notes se sont évadées
Entre tes mains… qui applaudissaient…


Dans l'Univers de ta Vie
Je ne suis qu'un gazouillis
Mais un jour je volerai
Et sur ton épaule, me poserai…

MOTS D'AUTOMNE

L'automne valse
Et sa salve silencieuse
De feuilles suaves
S'effeuille
Se lavant dans le vent
Monotone… Voici mon automne…

## ... SUR L'ORGUE

Joue-moi sur l'orgue, la leçon
Des notes folles du diapason,
Le solfège du petit démon
Nous faisant perdre la raison...


Joue-moi sur l'orgue oublié
Les disparues de ces années,
Ceux qui, dans le ciel étoilé
Ecoutent tes sons, enchantés...


Joue-moi sur l'orgue de ton âme
Tes sentiments sur toute la gamme,
Allant du sourire aux larmes
Joue-moi... de tout ton charme...

La musique

dit tout,

sans un mot,

remplissant le silence

et les cœurs...

SOIS MON AIR...

Chaque personne a sa musicalité intérieure...

Alors je t'imagine...
être des notes de rires,
les mélodies de mots élégants,
sensibles, intenses,
des allegros magnifiques,
des soupirs fantastiques,

Et je me laisserai envahir
Imprégner, bercer
par ton unique musique

## « SEULES LES MONTAGNES
## NE SE RENCONTRENT PAS »...

Il y a des rivières
Coulant douces et fières
Pour se mêler au fleuve
Avant que la mer ne se meuve...


Il y a des ténors
Des musiciens aux notes d'or
Brillant d'allégresse
Sous la baguette de l'orchestre...


Il y a des montagnes
Que la solitude éloigne
Et un Univers de poésie
Pour qu'elles se rencontrent aussi...

Sur les ailes du moulin
J'accroche les jours,
L'aube des lendemains
Les chansons et leur refrain
Les rêves de toujours......
Tourne, tourne doucement,
Souffle, souffle vent d'amour...

Sur le piano
Dansent les notes
Do si la do
Les belles, les sottes
Si si do do…


Chantent le noir
Le blanc, le soir,
Allegro tempo
Et les doigts jouent
Des rythmes fous


Sur le piano
De laque noire
Un grand chapeau
Et des gants ivoire
Sol la si fa
Attendent....

## CONNAIS-TU...


Connais-tu
Le bruit d'un mot
Tombant dans l'eau ?
C'est un son rond
Sans rebond,
Ondulant tel un satin
Doux, régulier, sans fin...


Connais-tu
Le bruit d'un rêve
S'échouant sur la grève ?
La tempête a eu raison
De sa dérision...
Beaucoup d'autres encore
Naîtront sur le sable d'or


Connais-tu
Le bruit de la lumière
Jouant de ton ombre par terre ?
Son chant flotte, lunaire...
Ses lignes imaginaires
Traversent l'air
En sons extraordinaires...

La musique traverse

le Silence

d'un trait pur

Telle la lumière

dans un diamant

## MILLE PETITS BRUITS

Mille petits bruits
Chantent la Vie
Rythmant le temps,
Et si l'un est absent
L'angoisse le surprend…


C'est un clocher d'église
Carillonnant au loin
Appelant aux vêpres,
Ou à l'ouragan allant naître


C'est un feu qu'on attise
Et cette pomme de pin
Qui éclate et crépite,
C'est l'enfant qui récite
Ses tables de multiplications
D'une monotone chanson…

…/…

…/…


C'est le pas d'un cheval
Sage et musical
Et le mouvement doux
De son dos, de son cou,
En attendant l'éclat
D'un galop dans les bois


C'est le bruit du chaudron
Où bulle la cuisson
Des confitures d'été
Aux parfums si dorés


Les choses ont une voix
Une musique, et parfois
Elles aiment mélanger
Leur musicalité…
A chaque vie, ses bruits,
Chaque bruit à sa vie…

## CONJUGAISON INSTRUMENTALE

Je jejy voatavo

Tu txistu

Il bulbultara

Nous kpanouhoun

Vous vuvuzélas

Ils ukulélés

## LA GUITARE

Une musique suave file
En quelques notes sur un fil
Pour elle sur son île,
Serait-ce la fleur d'une idylle ?


Sur le bois de ta guitare
Tu rythmes le bleu du soir
La mélodie des corps
S'envole sous l'effort
Du bout des doigts
Entre l'acier et le bois
Le son des cordes
Résonne, vibre, accorde
L'harmonie de l'air
Et la douceur du mystère
L'émotion de l'instant
Brille dans tes yeux d'enfant

Le silence sait tout
Il dit "rien", rien du tout...
Son écho répète tout
Mot à mot, tout partout !
Mon secret est un secret,...
Mais le silence aérien
Te chuchoterait
Que je le parle bien...

## MIX

Mélange les sons
D'un doux carillon
D'un joli papillon
Et d'un gros bourdon


Entremêle sans fin
La sagesse du matin
La passion dans le satin
Et nos regards félins


Fusionne le bruit
Du clapotis de la pluie
Du vent dans la nuit
D'un orgue qui s'ennuie


Unis par instinct
Le solfège au latin
Le destin et nos mains
Et la musique sans fin...

Du paysage le plus lointain
Au message entre tes mains
Tout est  musicalité
Comme un hymne à la liberté

Si j'étais un mot
Que l'on dit tout bas
Ou ce verbe haut
Qu'on ne comprend pas,
Je serais le numéro
Au fond d'un chapeau,
Un rond rigolo
Qui n'en finit pas
De prendre ta voix....
Ce joli mot de magie
Est la clef de la vie
Et tu chantes ses mots
Do ré mi do... bravo !

## LA FLUTE DE PAN


Le vent frissonne…
Le chant résonne…
C'est le temps où la soie
Murmure sous les doigts…


Sur la plaine de glace
Le vent mord, loquace,
Les silhouettes frêles
D'anciens arbres foudroyés
D'éclairs gris acier,
Stridulations du ciel


La musique s'effile
Sauvage et gracile,
Accrochant ses reflets
Aux roseaux de rosée
Matinale et glacée…


…/…

…/…

L'aurore reste frustrée
Que ce doux froissement
Ne frôle sans frisson
Ces quelques notes folles
Fragiles, presque frivoles…


La musique et le vent
C'est une flûte de Pan
Rayonnant dans le temps,
Une vie s'envolant…

La symphonie inachevée
Se joue tous les jours,
A croire que Demain s'écrit
Avec le souffle de la vie,
Et qu'Hier a oublié
Qu'aujourd'hui n'a qu'un jour...

## PETITE MUSIQUE DE NUIT

La fenêtre était ouverte
Sur le chant des grillons,
Et dans la nuit déserte
Brillait un astre rond.

La musique traînait
Quelques notes d'hier
Sur le bois du parquet
Où dormait la poussière.

Tout était lourd et noir
Dans le velours du soir
Et mon rêve s'animait
Comme un hymne naîtrait
Indolent, majestueux,
Voire mystérieux...

J'ai touché l'harmonie
De cette douce nuit...
Les étoiles m'ont dit
Que cette mélodie
Imprègne et sublime
Les cœurs qui l'illuminent...

La MUSIQUE

éprend

surprend

se comprend

s'apprend

se reprend

mais jamais

ne se méprend...

## VIVE LE VENT

Quel est ce vent qui joue
Subtil vaudou,
Ensorcelant les sons
Et le sang des passions
Dans ce doux hautbois ?
Il chante plein de charme
Et sa rondeur désarme,
Le son devient chaleur
Puis coule dans une flûte
En de claires volutes.


Quel est ce vent léger
Glissant entre nos pieds
Rythmant l'harmonica
Ou bien l'accordina ?
Comme cet air est joyeux
Brillant dans nos yeux !
Vive le vent soulevant
L'aventure s'inventant !

J'écrirai une chanson
Avec les notes de tes rires
Je la poserai sur l'horizon
Pour ne jamais la voir mourir

Au milieu du jour
Une chanson de toujours

Au milieu de la nuit
Une douce mélodie

Au milieu de ma vie
La musique de ta vie...

## LA BEAUTE

Elle est née
Comme naît la vérité,
Au premier jour du monde,
Sublime, dans l'esquisse d'une seconde...


Elle s'habille d'un rien,
Le vent le sait si bien,
Un superflu malin
Serait d'une indécence sans fin...


Elle est partout
Autour de nous,
Dans l'œil regardant
Le reflet envoutant
De la pureté sensuelle,
Troublante, presque cruelle...

.../...

…/…

Elle se dévoile ici
Dans la grâce d'un mot
D'un silence trop beau
Que l'on murmure la nuit…


C'est une femme de plume
Ou une flamme de lune,
La surprise des regards
Se croisant par hasard
Et des sourires émus
S'excusant d'être nus.


Telle la promesse à un bonheur,
Elle apaise de sa splendeur ;
Son harmonie est aussi subtile
Que sa délicatesse est fragile

…/…

.../...

Cet origami de cristal
Irise notre sensibilité fatale,
Et seul notre cœur sait
La garder pure pour l'éternité...


La beauté,
En toute simplicité... EST...

Les saisons ont les chants
Des quatre volontés
Que la nature a créé…

Et le soleil prend son temps…

Il était là, dans le noir,
Seul avec son désespoir,
Réfugié dans un vieux carton,
C'était là son ultime maison.


Les sanglots de son abandon
Déchiraient le silence,
Lacérant sa déchéance
Dans ce gris si profond.


Je fis quelques pas vers lui
Doucement, sans l'effrayer,
Et délicatement le saisis
Du bout des doigts, bouleversée...


Plus un regard ne le voyait
Sauf celui de la pitié...
Je l'ai serré contre moi
Sa couverture collait de froid...


                          .../...

…/…

A la lumière du soleil
Il a repris goût à la vie
Comme un papillon s'éveille,
Vole dans la brise et se délie

Il était là, entre mes mains
Se tournant vers ce Demain ;
Il s'appelait « Mémoires » :
Les partitions de notre histoire…

## AU JARDIN


Dans le jardin
De mon silence
Il y a des brins
D'impatiences,
Tant de pensées
Douces, parfumées,
Des roses sucrées
Au velours osé,
Une belle immortelle
Comme un vœu irréel...


Dans le jardin
De mon silence
Il y a le clapotis
De la pluie
Sur les magnolias
Si délicats
Et un petit oiseau
Chantant ce refrain
Tatoué là, sur ton dos...

La vie enchante
Chantonne, se chante,
Mélodie élégante,
Elle se veut aberrante,
Douce ou violente,
Dilettante, excitante,
Scandaleuse ou exaltante...

La Vie, Une seule, nous invente...

ET SI...

Et si le piano
Se faisait flûte ?

Si le bel alto
Changeait son ut ?

Si le violon
Jouait sans aile ?

Et l'accordéon
Dépliait l'irréel ?

Si le marimba
Devenait ka ?

Il est un art
Appelé Musique
Universel, unique...

Et le monde devient son
Au même diapason
Pure et rare...

La musique
Et sa muse
Accusent
Une anacruse
D'être une intruse…
La ruse
S'en excuse
Et la musique confuse
Fuse…

## CHANSON DU LIVRE

Je marche sur cette ligne
Sautillant sur les mots
Je rebondis et imagine
Tes rires à chaque saut !
Pourvu qu'on ait la chance...
Que le vent tourne les pages !
Au chapitre deux, on danse
Au cinq, on plonge et nage !


Je marche la tête en bas
Sur les mains, sur tes pas,
Je m'enroule, tourne encore
Les pages contre nos corps
Pourvu que les images
Deviennent des mots sages
Marchons, courons et surtout
Fermons le livre... Soyons fous !

## UNE NOTE POSEE

Une note posée
Sur la joue d'un rêveur
Glisse sous la lueur
De son ciel étoilé


Une note posée
Dans le creux de ta main
Dessine le chemin
De ta vie enchantée


Une note posée
Sur l'irréel de ta voix
C'est le trouble de l'émoi
Et la grâce de la paix


Une note posée
Sur le lac endormi
C'est un hymne à la vie
Un nouveau jour à chanter

## CONJUGAISON MUSICALE

Jeu de Note

Tu es mon Diapason

Ile de Ré

Noue la Croche

Voutez la Clef de Sol

Elles ... Son de La Musique

## MELODIE DE LA RUE

Il est une mélodie grave
Qui traîne les pieds
Dans les rues de la ville
Sous un ciel qu'on délave
En lugubres fumées,
Fatalités fragiles.


Elle erre dans le gris
De sombres coins de rues
Pour se faire capturer
Par de vrais inconnus.
Alors elle chante la vie
En airs enjoués et gais
Pour faire oublier
Aux cœurs des musiciens
Heureux et clandestins
La douleur des regards,
La couleur du hasard…


…/…

…/…

Il est une mélodie rare
Qui traîne dans le soir
Un espoir de toujours
A coup de mots d'amour…
Attrape-la, chante-la, joue-la
Mais ne l'oublie pas…

## MUSICA

Elle vit, sauvage,
Indomptable nuage,
Traversant l'espace
Pleine d'audace...

Elle évolue, divine,
D'une précision féline,
Dans ce vide sensible,
Silencieux, invisible...

Elle s'éloigne épuisée
S'atténue, et exténuée
S'évapore puis disparaît
Tel un ange s'envolerait...

La musique était là,
L'émotion ne s'arrête pas...
Elle vit encore dans l'air
C'était demain, presque hier...

## . Livres précédents :

- *Dans le vent* (VII 2017) BoD
- *Ecrits en amont* (VIII 2017) BoD
- *Jeux de mots* (VIII 2017) BoD
- *Etoile de la Passion* (VIII 2017) BoD
- *As de cœur* (XI 2017) BoD
- *Pensées éparses et parsemées* (XI 2017) BoD
- *Le Sablier d'Or* (XI 2017) BoD
- *Rêveries ou Vérités* (I 2018) BoD
- *Couleurs de l'Infini* (II 2018) BoD
- *Exquis Salmigondis* (V2018) BoD
- *Lettres Simples de l'Etre simple (VI2018) BoD*
- *A l'encre d'Or sur la nuit (IX2018) BoD*
- *A la mer, à la Vie (XI2018) BoD*
- *Le Coeur en filigrane (XII2018)*
- *Le Silence des mots (III2019)*